BEI GRIN MACHT SICH IHR
WISSEN BEZAHLT

- Wir veröffentlichen Ihre Hausarbeit,
  Bachelor- und Masterarbeit

- Ihr eigenes eBook und Buch -
  weltweit in allen wichtigen Shops

- Verdienen Sie an jedem Verkauf

Jetzt bei www.GRIN.com hochladen
und kostenlos publizieren

GRIN

Maximilian Künzl

Humor in der Werbung - Analyse zweier Werbespots

GRIN Verlag

Bibliografische Information der Deutschen Nationalbibliothek:

Die Deutsche Bibliothek verzeichnet diese Publikation in der Deutschen National-bibliografie; detaillierte bibliografische Daten sind im Internet über http://dnb.d-nb.de/ abrufbar.

Impressum:

Copyright © 2011 GRIN Verlag GmbH
Druck und Bindung: Books on Demand GmbH, Norderstedt Germany
ISBN: 978-3-656-17655-8

Dieses Buch bei GRIN:

http://www.grin.com/de/e-book/192648/humor-in-der-werbung-analyse-zweier-werbespots

GRIN - Your knowledge has value

Der GRIN Verlag publiziert seit 1998 wissenschaftliche Arbeiten von Studenten, Hochschullehrern und anderen Akademikern als eBook und gedrucktes Buch. Die Verlagswebsite www.grin.com ist die ideale Plattform zur Veröffentlichung von Hausarbeiten, Abschlussarbeiten, wissenschaftlichen Aufsätzen, Dissertationen und Fachbüchern.

Besuchen Sie uns im Internet:

http://www.grin.com/

http://www.facebook.com/grincom

http://www.twitter.com/grin_com

Dietrich-Bonhoeffer-Gymnasium Oberasbach

Oberstufenjahrgang 2010/2012

S E M I N A R A R B E I T

im

W-Seminar „Bedeutung des Marketings für die Wirtschaft"

Thema: Humor in der Werbung
                                       Analyse zweier Werbespots

Verfasser: Maximilian Künzl

Bearbeitungszeitraum: 18. Februar 2011 – 8. November 2011

Abgabetermin: 8. November 2011

Inhaltsverzeichnis

CD im Anhang: HIER NICHT BEIGEFÜGT!!

(1)   VW Werbespot
(2)   DKV Werbespot
(3)   Mercedes Werbespot
(4)   Vio Werbespot
(5)   Bud Light Werbespot
(6)   Skript Psychologiekurs Fr. Brandl 11/1
(7)   Fragebogen
(8)   Auswertung Rohdaten
(9)   Auswertung Diagrammform
(10) Snickers Werbespot
(11) Balisto Werbespot

Soweit möglich und nötig sind außerdem folgende Quellen vorhanden:

(12) Studie ARD/ZDF
(13) Donner (2007)
(14) Grunemann (2006)
(15) Leonhardt&Kern (2011)
(16) Lüdtke u.a. (2010)
(17) Nufer&Hirschburger (2008)
(18) Wehn (2003)

Abbildungsverzeichnis

1. Einleitung

„Bringt man die Leute zum Lachen, so hören sie einem zu, und dann kann man ihnen so gut wie alles erzählen."[1]

Dieser Auffassung war der 2003 verstorbene, amerikanische Cartoonist, Dramatiker und Drehbuchautor Herb Gardner. Doch scheint es, als wäre nicht nur auf der Schauspielbühne der Humor eine beliebte Methode um Aufmerksamkeit zu erregen; immer öfter greifen auch Unternehmen im Zuge ihrer Kommunikationspolitik verstärkt auf Humor zurück. So hat jeder sich bestimmt schon einmal einen Werbespot aufgrund seines humoristischen Inhalts bzw. der eventuell gewagten oder überspitzten Pointe eingeprägt. Der Automobilhersteller Volkswagen und der Onlineshop Zalando sind zwei für lustige Werbespots bekannte Unternehmen, an ihrem Beispiel kann man sehen wie sich humorvolle Werbung positiv auswirken kann[2]. Doch auch der gegenteilige Effekt kann bei solch gewagten Werbekampagnen eintreten; so hat der Elektronikwarenhändler Media Markt 2008 mit einem Spot zur Fußballeuropameisterschaft, in welchem der „Italiener Toni" berichtet, dass seine Landsleute die Schiedsrichter kauften, große Empörung hervorgerufen.[3] Besonders in Amerika ist Humor in der Werbung sehr verbreitet. Das beste Beispiel dafür ist der alljährliche Superbowl[4]. 30 Sekunden Werbezeit kosten bei diesem Ereignis der Superlative, dass weltweit von ca. 100 Millionen Zuschauern verfolgt wird, drei Millionen Dollar.[5] Die überwiegende Mehrheit der dort gezeigten Spots bedienen sich des Stilmittels Humor[6], so z.B. auch ein Spot von VW[7] der im Internet als der beste Werbespot des diesjährigen Superbowls gehandelt wird.[8]

Humoristische Werbung ist folglich ein beliebtes Stilmittel des Marketings. In dieser Arbeit soll anhand der Analyse zweier Werbespots überprüft werden, wo die Vor- und Nachteile des Humors in der Werbung liegen.

---

[1] Gardner (o.J.) o.S.
[2] Vgl. Serrao (2011) S.1f
[3] Vgl. Nufer/Hirschburger (2008) S.15
[4] Ein jährlich abgehaltenes Spiel im American Football, in dem der Meister der National Football League entschieden wird (Vgl. o.V. (o.J.) o.S. (3)). Übersetzung des Verfassers.
[5] (o.V.) (2011) o.S.
[6] (o.V.) (2011) o.S.
[7] Vgl. Anhang Nr. (1)
[8] Vgl. Serrao (2011) S.1f

2. Humor

Der Begriff Humor wird üblicherweise mit Witz und Lachen assoziiert, letzteres diente schon vor sieben Millionen Jahren der zwischenmenschlichen Kommunikation und ist damit älter als die Sprache.[9] Auch heute noch ist Humor fester Bestandteil sowie anerkanntes Verständigungsmittel unserer Gesellschaft. Nicht nur in der Unterhaltungsbranche ist der Witz ein beliebtes Stilmittel, auch z.b. politische Karikaturen versuchen durch Humor Problematiken dem Leser einfach und verständlich aufzuzeigen. Auch Unternehmen wollen die positiven Eigenschaften des Humors in ihrer Kommunikationspolitik nutzen. Bevor man die Vor- und Nachteile der Verwendung von Humor in der Werbung beurteilt, ist es sinnvoll, zunächst den Begriff Humor einzugrenzen.[10]

2.1 Definition

Begrifflichkeiten wie Humor, Lachen und Witz werden nicht konstant mit der selben Bedeutung verwendet, wodurch eine exakte Definition des Begriffes unmöglich gemacht wird.[11] Es existieren allerdings Ansätze im Internet, die versuchen den Terminus durch eine Aufgliederung in seine verschiedenen Bedeutungen anschaulich darzulegen. So konkretisiert die gängige Redewendung „Humor ist wenn man trotzdem lacht" diesen als „die Fähigkeit, Unangenehmes und alltägliche Schwierigkeiten gelassen und heiter [...] betrachten [zu können]"[12]. Auch beschreibt der Begriff die Fähigkeit Scherze zu machen und diese auch zu verstehen, selbst wenn sie gegen die eigene Person gerichtet sind.[13] So gesehen ist Humor als Begriff an sich nicht direkt eingrenzbar, auch nicht, wenn wir uns nur auf das Feld der Werbung beschränken. Zwar sind die verwendeten, stilistischen Mittel, wie z.B. Witz, Wortspiel, Ironie oder Übertreibung meist klar erkennbar, jedoch ist der Übergang zwischen einem originellem und einem humorvollem Werbespot fließend, was eine Abgrenzung schwierig macht.[14] Wehn (2003) formuliert es so: *„Humor ist das, was Leute als Humor bezeichnen"*.[15]

---

[9] Vgl. Donner (2007) S.1
[10] Vgl. Nufer/ Hirschburger (2008) S.1f
[11] Vgl. Nufer/ Hirschburger (2008) S.1f
[12] o.V. (o.J.) (2) o.S.
[13] Vgl. o.V. (o.J.) (2) o.S.
[14] Vgl. Schneider (2005) S.15 ff, zitiert in. Nufer/Hirschburger (2008) S.2
[15] Wehn (2003) S. 2

2.2 Entstehung

Grundsätzlich unterscheidet man hier zwischen drei Theorien; nämlich zwischen der Superiority-, Release- und Relief-, sowie der Incongruity-Theorie. Die Superiority- oder zu Deutsch Überlegenheitstheorie geht auf Aristoteles zurück. Die zu seiner Zeit aufgeführten Komödien zeigten sozial schwache, unterlegene und überspitzt inkompetente Personen. Je weniger sich der Zuschauer mit der benachteiligten Figur identifizierte, desto größer war das durch den Vergleich beider Personen entstandene Überlegenheitsgefühl.[16] Dadurch, dass man sich selber in einem positiveren Licht sieht, z.b. durch das Unglück anderer, wird Begeisterung erzeugt und es entsteht ein humoriges Erlebnis.[17] Diesen Effekt nutzen auch viele Fernsehsendungen, wie z.B. „Mitten im Leben", „X-Diaries", u.v.m.

Sigmund Freud dagegen liefert einen mehr psychoanalytischen Ansatz. „Das Wesen des Humors besteht seiner Auffassung nach darin, dass man sich die eigentlichen Affekte erspart, zu denen eine bestimmte Situation Anlass gäbe, und sich mit einem Witz, einem Scherz über die Möglichkeit anderer – der Situation entsprechender – Gefühlsregungen hinwegsetzt".[18] Freud sieht den Witz als ein in der Gesellschaft anerkanntes Mittel um die Verdrängung elementarer Bedürfnisimpulse, zu welchen der Mensch von der Zivilisation gezwungen wird, auszugleichen.[19] Lachen hilft also, laut der Release- und Relief-Theorie, Spannungen, Druck, Zwang oder überflüssige Energien, etc. abzubauen.[20]

Zuletzt die von Immanuel Kant und Arthur Schopenhauer geprägte Incongruity-Theorie. Der Begriff Inkongruenz bezeichnet ein beliebiges Missverhältnis zwischen den Bestandteilen eines Objekts, eines Ereignisses, einer Idee, einer sozialen Erwartung, etc.[21] Damit jedoch der Zuschauer den Werbespot auch als lustig empfindet, bedarf es, neben dem Vorhandensein, auch der Auflösung der Inkongruenz, d.h. es muss dafür eine kognitive Regel gefunden werden.[22] In Abbildung 1 ist das Modell zur Lösung der Inkongruenz von Humor (nach Suls, 1983, S. 42) dargestellt.

---

[16] Vgl. Nufer/Hirschburger (2008) S.3
[17] Vgl. Mayer/Illmann (2000) S.584
[18] Vgl. Wehn (2003) S.2
[19] Vgl. Grunemann (2006) S.5
[20] Vgl. Mayer/Illmann (2000) S.584
[21] Vgl. Wehn (2003) S.2
[22] Vgl. Mayer/Illmann (2000) S.583

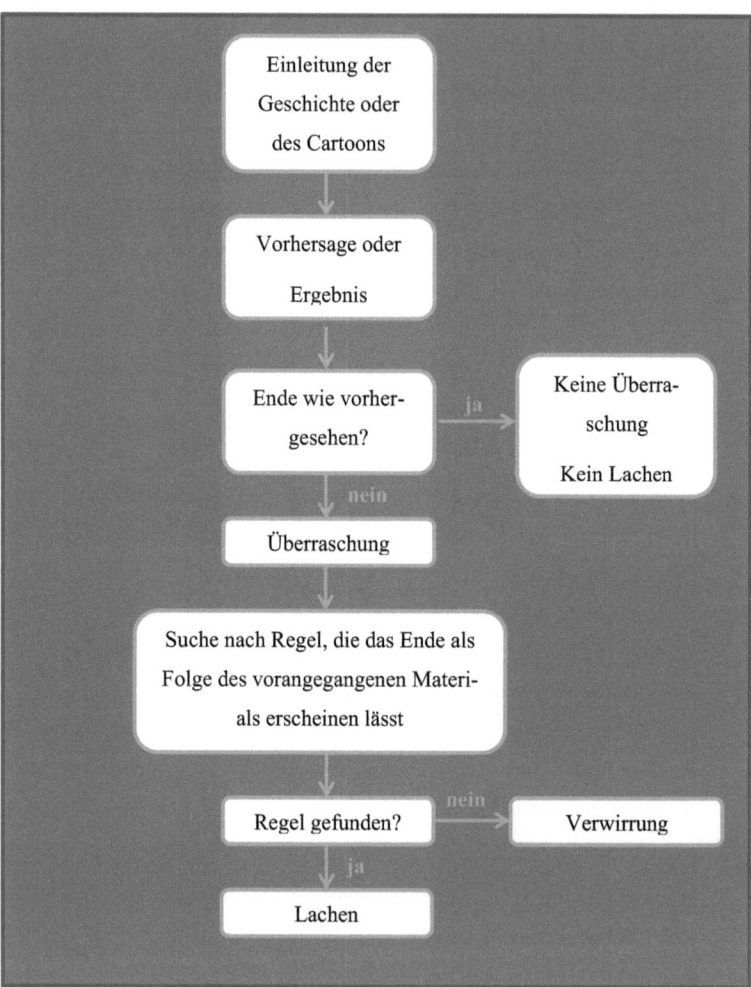

Abbildung (1): Inkongruitäts-Auflösungs-Modell (Quelle: eigene Darstellung nach Suls, 1983, S. 42; abgebildet in Mayer/Illmann (2000) S. 584 et al.)

3. Einflussfaktoren

Humor begegnet uns in der Werbung in den verschiedensten Formen und bei Produkten fast jeder Preisklasse. So bewirbt VW den Golf, ein High-Involvement Produkt, humoristisch, und auch bei Low-Involvement Produkten wird oft versucht durch Witz den Konsumenten anzusprechen, z.B. bei verschiedensten Bier Werbungen. Doch nach Mayer/Illmann (2000) eignen sich verschiedene Produktkategorien unterschiedlich gut für die Verwendung von Humor.[23] Im Folgenden wird diese These kurz untersucht.

3.1 Produktkategorien

Um eine Aussage treffen zu können muss man zuerst Produkte voneinander abgrenzen. In der folgenden Abbildung ist die Differenzierung der Produktkategorien nach Gulas/Weinberger (2006) dargestellt.

Consumer Objective	Functional	Expressive
High-Risk	„white goods" -Versicherungen, Autoreifen etc.	„red goods" -Sportwagen, Markenklamotten
Low-Risk	„blue goods" -Grundnahrungsmittel, Reinigungsmittel	„yellow goods" -Bier, Süßigkeiten

Abbildung (2): Produkt-Farben Matrix nach Gulas/Weinberger (Quelle: eigene Darstellung nach Gulas/Weinberger (2006) S.78 und Schneider (2005) S. 47, abgebildet in Nufer/Hirschburger (2008) S.6)

Gulas/Weinberger unterscheiden also zum einen zwischen funktionellen und expressiven, und zum anderen zwischen High-Risk und Low-Risk Produkten. Die „white goods", auch „big tools" sind langlebige und teure Produkte, was den Konsumenten dazu zwingt Vergleiche anzustellen aufgrund des mit der Kaufentscheidung verbundenen hohen Risikos.[24] Der emotionale Nutzen dieser Produkte für den Konsumenten ist eher gering und grundlegend entscheidend für den Kaufprozess ist die Effizienz der Ware.[25]Ein Beispiel für einen humoristisch gestalteten Werbespot im Bereich der „white goods", wäre ein Werbespot der Deutschen Krankenversicherung DKV. [26]

---

[23] Vgl. Mayer/Illmann (2000) S.587
[24] Vgl. Gulas/Weinberger (2006) S.78f.
[25] Vgl. Gulas/Weinberger (2006) S.79
[26] Vgl. Anhang Nr. (2)

„Red goods", oder sog. „big toys" fallen in den Bereich der Prestigekäufe, es handelt sich also meist um Luxusprodukte mit einem expressiven Erscheinungsbild. Zwar ist der emotionale Nutzen sehr hoch und langfristig[27], im Gegensatz zu der ersten Produktkategorie aber, weisen die „red goods" nicht nur ein finanzielles, sondern auch ein soziales Risiko auf.[28] In einem bekannten Werbespot von Mercedes, bei dem sich zwei Schutzengel auf einer Wolke befinden und über ihren „Job" reden, kann man sehen, dass auch „red goods" humoristisch beworben werden.[29]

„Blue Goods" oder „little tools" sind Gegenstände des täglichen Gebrauchs der unteren Preiskategorie. Aufgrund der Selbstverständlichkeit solcher Ware für den Konsumenten, hat sie wenig bis keinen emotionalen Nutzen. Der Konsument holt hier verglichen mit den „white goods" weniger Informationen über das Produkt ein, da durch den niedrigeren Preis ein geringeres Risiko vorliegt.[30] So wird zum Beispiel das Trinkwasser von Vio in lustigem Stile beworben.[31]

Der letzte Bereich ist der der „little toys" oder „yellow goods". Diese sind Genussartikel, die aufgrund ihres niedrigen Preises kein hohes Risiko beim Kauf aufweisen. Sie sollen uns zufrieden stellen und haben außerdem einen expressiven Zweck. Der emotionale Nutzen wird im mittleren Bereich eingestuft, wobei er nicht von Dauer ist, anders als bei den „red goods".[32] Besonders in den USA gibt es viele Biermarken, die humoristisch werben, so auch Bud Light.[33] Diese Produktkategorie scheint auf den ersten Blick am geeignetsten für den Einsatz von Humor in der Werbung.[34] Im praktischen Teil der Arbeit wird daher anhand zweier Konsumgüter dieser Kategorie der Effekt des Humors in der Werbung untersucht.

3.2 Mediengattung

Humor tritt in der Werbung in den unterschiedlichsten Formen auf; in TV-Spots, im Radio, sowie in Print Medien. Da diese Medien verschiedene Mittel zur Kommunikation anbieten, muss die Pointe entsprechend gewählt werden, sodass die Mechanismen aus Kapitel 2.2 greifen können. In Abbildung 3 sind Vor- und Nachteile verschiedener Medien nach Gulas/Weinberger (2006) dargestellt.

---

[27] Vgl. Gluas/Weinberger (2006) S.77
[28] Vgl. Gulas/Weinberger (2006) S.79
[29] Vgl. Anhang Nr. (3)
[30] Vgl. Gulas/Weinberger (2006) S.82
[31] Vgl. Anhang Nr. (4)
[32] Vgl. Gulas/Weinberger (2006) S.77
[33] Vgl. Anhang Nr. (5)
[34] Vgl. Gulas/Weinberger S.83f.

Medium	Tempo der Botschaft	Aufnahmebereitschaft des Konsumenten	Möglichkeiten zur Humorkreation
TV	Schnell	Niedrig	Viele
Radio	Schnell	Niedrig	Einige
Print	Langsam	Niedrig bis mittel	Wenige

Abbildung (3): Medieneigenschaften zur Werbenutzung (Quelle: eigene Darstellung nach Gulas/Weinberger (2006) S.59)

Hauptsächlich aus diesen spezifischen Eigenschaften ergeben sich verschiedene Eignungsgrade des Mediums zur Verwendung von Humor. So sind schnell ablaufende Botschaften wie in TV und Radio in hohem Grade intrusiv, während bei Werbung in Print Medien der Rezipient über einen höheren Einfluss auf die Wahrnehmung der Anzeige verfügt.[35] Laut Gulas/Weinberger (2006) beträgt der Anteil an humoriger Werbung in Magazinen nur 10%, in Rundfunk und Fernsehen dagegen 25% bis 30%.[36] Zurückzuführen ist diese Statistik auf die größere Auswahl an Instrumenten, mit denen Humor erzeugt werden kann, in Radio und Fernsehen. Doch nicht nur die Möglichkeit, durch Ton, bzw. beim Fernsehen zusätzlich noch durch das bewegte Bild, dem Konsumenten die Werbebotschaft zu veranschaulichen, sondern auch das im Rundfunk und Fernsehen kontrollierbare Timing einer Werbeeinheit, machen auch das Radio, aber vor allem das Fernsehen zum idealen Medium für humoristische Werbung.[37] Timing ist insofern fundamental, dass es für das Auslösen des gewollten Lachens eine entscheidende Größe ist.[38] Wie auch im Alltag, kann eine zu früh oder zu spät erzählte Pointe einen negativen Effekt auf den Erfolg des Witzes haben.

Zusammenfassend kann man also sagen, dass das Fernsehen das geeignetste Medium für die Verwendung von Humor in der Werbung ist. In Kapitel 6 werden daher zwei TV-Werbespots auf die Auswirkungen von Humor untersucht.

---

[35] Vgl. Gulas/Weinberger (2006) S.59
[36] Vgl. Gulas/Weinberger (2006) S.195
[37] Vgl. Gulas/Weinberger (2006) S.59, S.195f
[38] Vgl. Gulas/Weinberger (2006) S.195

4. Ziele und Wirkung

„Der Einsatz von humorvoller Werbung ist eine Gradwanderung [sic!], die sowohl positive als auch negative Effekte erzeugt".[39] Da, wie in Kapitel 2.1 festgestellt, jede Person eine andere Auffassung von Humor hat, kann ein Werbespot bei einem Rezipienten ein positives Bild des Konsumguts bzw. des Unternehmens erzeugen. Genau so möglich ist es aber, dass die gleiche Werbung bei einer anderen Person einen gegenteiligen Effekt hervorruft.[40]

4.1 Aufmerksamkeit

Außer Frage steht, dass durch Werbung, die Inkongruenzen aufzeigt[41], die Aufmerksamkeit des potenziellen Kunden gewonnen wird.[42] Da sich 95% der Konsumenten bei der Konfrontation mit Werbung in einer Low-Involvement Situation befinden, ist die Aufmerksamkeit des Käufers ein primäres Ziel der Werbung.[43]

Das AIDA Modell von E. St. Elmo Lewis (1898) veranschaulicht die vier Hauptziele der Werbung: Zuerst Aufmerksamkeit erregen, dann Interesse wecken, einen Besitzwunsch auslösen, und schließlich den Kauf bewirken.[44]

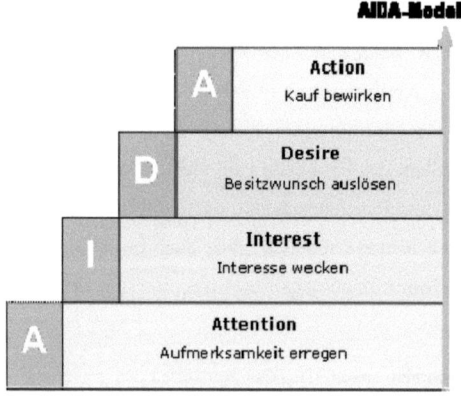

Abbildung (4): AIDA-Modell (Quelle: o.V. (o.J.) o.S.; dargestellt in Lüdtke u.a. (2010) S.36)

---

[39] Nufer/Hirschburger (2008) S.7
[40] Vgl. Nufer/Hirschburger (2008) S.7
[41] Vgl. Kapitel 2.2
[42] Mayer/Illmann (2000) S.585
[43] Vgl. Nufer/Hirschburger (2008) S.8
[44] Vgl. o.V. (o.J.) o.S.

Wie am Modell ersichtlich bildet die Aufmerksamkeit aber nur den Grundstein für eine erfolgreiche Werbung. Inwiefern Humor Konsumenten auch auf der zweiten Ebene der AIDA-Darstellung ansprechen kann, wird in Kapitel 6 der Arbeit näher untersucht. „Fraglich ist aber, ob [durch humorvolle Werbung] auch tatsächlich der Wunsch nach dem jeweiligen Produkt ausgelöst wird."[45] Denn obwohl das primäre Werbeziel eines jeden Unternehmens das Erreichen der Stufe „Action" ist, sind verhältnismäßig wenige Werbebotschaften rein verkaufsorientiert ausgelegt.[46] Oft wird versucht eine Marke oder ein Produkt überhaupt bekannt zu machen, das Image einer Marke zu ändern, oder sich in besonderer Weise von seiner Konkurrenz abzugrenzen.[47]

4.2 Beurteilung der Marke bzw. des Produkts

Grundsätzlich lässt sich die Einstellung zum Produkt mit Hilfe von Humor positiv beeinflussen. Zu beachten ist hierbei jedoch, welche Grundeinstellung der Konsument dem Produkt gegenüber hat. Ist die Ausgangsposition ohnehin schon positiv, ist es wahrscheinlich, dass der Rezipient seine Meinung über die Ware zum Positiven hin ändert.[48] „Ist die ursprüngliche Einstellung gegenüber einer Marke jedoch eher negativ, so ist die ernste Version die erfolgreichere im Hinblick auf eine positivere Gestaltung der Meinung".[49] In einem Punkt sind sich jedoch Kritiker sowie Befürworter humorvoller Werbung einig: Sie schafft Sympathien für den Werbenden.[50] „Dasselbe Phänomen [kennt man] aus der Schule. Humorvolle Kommunikation im Schulunterricht führt zu einer positiven Bewertung der Lehrinhalte und höherer Wertschätzung der Lehrer."[51]

4.3 Erinnerung

Laut Mayer/Illmann (2000) kann über den Einfluss des Humors auf die Erinnerung des Konsumenten an eine bestimmte Werbung, aufgrund widersprüchlicher Ergebnisse verschiedener Experimente, keine direkte Aussage getroffen werden.[52] Im folgenden Kapitel werden der „Wear-out-Effekt" und der „Vampireffekt" kurz erklärt, die stark mit der Erinnerungswirkung eines Werbespots in Verbindung stehen.

---

[45] Lüdtke u.a. (2010) S.36
[46] Vgl. Gulas/Weinberger (2006) S.196
[47] Vgl. Gulas/Weinberger (2006) S.197
[48] Vgl. Mayer/Illmann (2000) S.586
[49] Mayer/Illmann (2000) S.586
[50] Vgl. Leonhardt & Kern Werbeagentur GmbH (2011) o.S
[51] Leonhardt & Kern Werbeagentur GmbH (2011) o.S
[52] Vgl. Mayer/Illmann (2000) S.586

5. Risiken

Die Verwendung von Humor hat allerdings nicht nur gute bis neutrale Folgen, sondern birgt auch Risiken in sich. So lebt ein Gag bekanntlich von seiner Pointe. Diese definiert der Duden wie folgt: „Pointe, die,-,-n (überraschender Schlusseffekt [bes. eines Witzes])"[53] Aus dieser Definition ergibt sich auch ein allgemein bekanntes Phänomen: „Witze, die zum hundertsten Mal erzählt werden, sind nicht mehr lustig und kaum einer lacht noch darüber. Was am Anfang noch als originell beurteilt wurde, ist schnell langweilig."[54] Im folgenden Gliederungspunkt wird auf dieses Phänomen, genannt „Wear-out-Effekt", genauer eingegangen.

5.1 Wear-out-Effekt

Der Wear-out-Effekt beschreibt den langsamen Verlust der Werbewirkung einer Werbemaßnahme aufgrund ihrer ständigen Wiederholung.[55] Das Publikum findet bestimmte Gags oder Slogans nach einiger Zeit nicht mehr originell, sie werden z.B. als ermüdend empfunden.[56] Eine Folge dieses Effekts kann die Resistenz potentieller Kunden gegenüber der Werbemaßnahme sein, sogar bis hin zur gänzlichen Ablehnung des Produkts.[57] Es kann also passieren, dass ein in einem Werbespot verwendeter Gag durch zu häufige Wiederholung an Wirkung verliert und somit den Kunden, entgegen der eigentlichen Funktion von Werbung, vom Kauf abhält.

5.2 Vampireffekt

Von einem Vampireffekt spricht man, wenn im Werbespot verwendete Motive, wie z.B. Erotik, oder in unserem Fall Humor, von eigentlich relevanten Informationen über das Produkt ablenken. Es besteht die Gefahr, dass der Rezipient sich nur an den Gag, also den „Vampir", erinnert, ihn aber nicht mehr mit dem Produkt in Verbindung bringen kann.[58] Fast alle Aufmerksamkeit des Konsumenten wird dem aktivierenden Stimulus geschenkt, für den Werber wichtige Informationen wie Produktname oder Verkaufsstellen werden kaum wahrgenommen.[59]

[53] Dr. Wermke u.a. (2000) o.S.
[54] Nufer/Hirschburger (2008) S.11
[55] Vgl. Mayer/Illmann (2000) S. 549
[56] Vgl. Nufer/Hirschburger (2008) S.11
[57] Vgl. Lüdtke u.a. (2010) S.37
[58] Vgl. Lüdtke u.a. (2010) S.34
[59] Vgl. Nufer/Hirschburger (2008) S.11 und Lüdtke u.a. (2010) S.34

6. Empirische Untersuchung des Humors in der Fernsehwerbung

Die Kapitel 1 bis 5 haben sich mit der Theorie des Humors in der Werbung beschäftigt. Nun sollen ausgewählte, aus den vorhergegangenen Kapiteln hervorgehende Fragestellungen mit empirischen Daten untersucht werden.

6.1 Fragestellungen

In Kapitel 4.1 wurden u.a. die Ziele der Werbung diskutiert. Hierbei wurde festgestellt, dass humorige Werbung die Aufmerksamkeit des Rezipienten erregt, wobei unklar war, ob die zweite Stufe des AIDA-Modells, nämlich Interesse zu erzeugen, auch erreicht werden kann. Daraus ergibt sich die erste Fragestellung:

1. Kann Humor in der Werbung das Interesse des Konsumenten evozieren?

Wie aus Kapitel 4.3 hervorgeht, liegen zum Erinnerungseffekt humoristischer Werbung widersprüchliche Daten vor. Hierzu soll für die vorliegende Stichprobe und die spezifische Produktkategorie eine eigene Aussage getroffen werden.

2. Hat Humor in der Werbung einen positiven Effekt auf die Erinnerung an das Produkt?

Zuletzt soll untersucht werden ob in Zeiten des medialen Wandels, speziell gemeint ist hier die Möglichkeit auf Videoplattformen, wie z.B. Youtube, Werbespots unbegrenzt anzusehen, der Konsument Eigeninitiative ergreift und sich selbst Werbefilme seiner Wahl anschaut.

3. Kann durch Humor in der Werbung ein solcher Unterhaltungswert geschaffen werden, dass sich der potentielle Kunde selbstständig Werbefilme ansieht?

Da die Fragen 1 und 2 schon durch andere Autoren empirisch untersucht worden sind, konzentriert sich Kapitel 6 auf Fragestellung 3.

6.2 Methoden der Untersuchung

Um zu veranschaulichen, dass die 3 wichtigsten Kriterien wissenschaftlicher, empirischer Untersuchungen, nämlich Validität, Reliabilität und Objektivität[60], bei der durchgeführten Umfrage eingehalten wurden, wird im Folgenden der Aufbau und die Beteiligung an der Befragung geschildert.

---

[60] Skript Psychologiekurs Fr. Brandl 11/1 S.2, Vgl. Anhang Nr. (6)

6.2.1 Aufbau und Auswertung der Umfrage

Aus 6.1 ergeben sich der Aufbau und die einzelnen Items des Fragebogens[61], welchen Sie als Portable Document Format Datei auf der Begleit-CD einsehen können. Erstellt wurde dieser mithilfe der Webseite „www.haekchen.at". Zum Einen, um es den Befragten zu ermöglichen den Fragebogen online auszufüllen, zum Anderen wertet die Internetseite die Ergebnisse auch automatisch aus. Der Vorteil in der Online-Umfrage liegt sicherlich darin, dass man sie einfach per E-Mail oder facebook verschicken kann, und sie ebenso an jedem Ort mit Internetzugang bearbeitet werden kann. Ein Punkt der ebenso dafür spricht ist die automatische Auswertung der statistischen Daten, die Ihnen als Rohdaten[62] sowie in Diagrammform[63] auf der Begleit-CD als Excel-Datei vorliegen.

Die Items 1 bis 3 beschäftigen sich mit persönlichen Daten der Befragten. So wurden, in dieser Reihenfolge, Alter, Geschlecht und Beruf bzw. Tätigkeit gefragt. Anschließend bekamen die Teilnehmer den Werbespot „Roadtrip" der Marke Snickers zu sehen, zu welchem die folgenden 6 Items zu bearbeiten waren:

- *Ich kenne den Spot bereits. (hier waren die Antwortmöglichkeiten nur: ja – nein)*

- *Der Spot hat mein Interesse für das Produkt geweckt.*

- *Ich sehe mir gerne derartige Werbung an.*

- *Der Werbespot ist sehr informativ.*

- *Ich betrachte die Werbung als kreativ.*

- *Der Spot ist lustig.*

Die Teilnehmer konnten bei jeder dieser Aussagen auswählen, ob sie entweder

- *voll zutrifft*

- *etwas zutrifft*

- *kaum zutrifft*

- *nicht zutrifft.*

Ebenso wurde mit einem zweiten Werbespot der Marke „Balisto" verfahren. Wie bereits in Kapitel 3 erwähnt eignen sich expressive Low-Risk Produkte und das Me-

---

[61] Vgl. Anhang Nr. (7)
[62] Vgl. Anhang Nr. (8)
[63] Vgl. Anhang Nr. (9)

dium Fernsehen am besten für den Einsatz von Humor. Diese beiden Bedingungen wurden bei der Auswahl der Werbefilme erfüllt, um den Effekt des Humors möglichst präzise nachzuweisen.

6.2.2 Stichprobe

Insgesamt nahmen 176 Personen, davon 98 weiblich und 77 männlich (eine Enthaltung), an der Befragung teil, davon gaben 93% an, Schüler zu sein. In Abbildung 5 ist die Altersverteilung dargestellt.

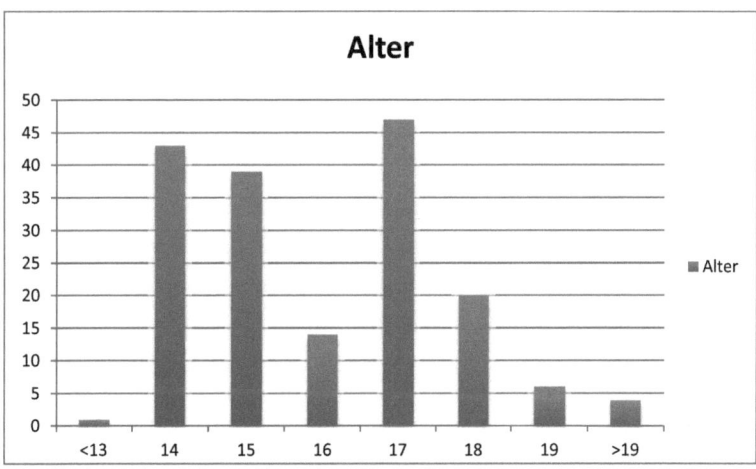

Abbildung (5): Altersverteilung der Befragten

Die Befragung wurde also hauptsächlich mit Schülern im Alter von 14-18 Jahren durchgeführt. Laut Homann (2006) ist die Zielgruppe der Jugend heiß begehrt bei Werbenden.[64] Zum Einen verfügt die junge Generation heutzutage bereits über immense Kaufkraft[65], ebenso versuchen Werbetreibende so die Konsumenten von morgen schon im frühen Alter für die beworbene Marke zu gewinnen.[66] Ergo eignen sich Jugendliche als Stichprobe zur Überprüfung einer bestimmten Werbewirkung sehr.

6.3 Beschreibung und Analyse der Werbespots

Um überhaupt die Wirkung des Humors in der Werbung feststellen zu können, ist es nötig vorher zu analysieren, ob die ausgewählten Werbespots auch als „humorvoll"

---

[64] Vgl. Homann (2006) S.39
[65] Vgl. Homann (2006) S.40
[66] Vgl. Die Zeit, 30.10.1997, zitiert in: Homann (2006) S.40

bezeichnet werden können. Im Rahmen der Vorbereitungen zur Umfrage wurde bewusst ein offensichtlich lustiger, und ein mehr sachlich, emotional orientierter Werbespot ausgewählt, mit der Absicht letztendlich einen Vergleich ziehen zu können.

6.3.1 Werbespot 1: „Snickers"[67]

Da der Werbespot auf CD vorliegt, soll der Inhalt nur kurz umrissen werden. Man sieht ein Auto durch die Landschaft fahren, im Wagen sitzen drei junge Männer und eine ältere Frau. Die Dame beanstandet, dass es im Auto zu warm sei und auf die Entgegnung des Beifahrers, dass die Klimaanlage bereits in Betrieb sei, reagiert sie gereizt und ohrfeigt ihn. Darauf sagt der Sitznachbar der Frau: "Jeff, iss ein Snickers, immer wenn du hungrig bist, wirst du zur Diva." Die Dame beißt in das Snickers und man sieht in der nächsten Kameraeinstellung wie sie sich in einen jungen Mann verwandelt hat. Der Spot endet mit dem Slogan: „Du bist nicht du, wenn du hungrig bist.". Es ist also Humor vorhanden, beim Zuschauer wird höchstwahrscheinlich ein Lachen erzeugt.[68] 92% der Befragten gaben an den Werbespot entweder sehr, zumindest aber etwas lustig zu finden. Daraus folgt, dass sich diese „Snickers" Werbung als Beispiel für einen Werbefilm mit Humor eignet.

6.3.2 Werbespot 2: „Balisto"[69]

Der „Balisto" Spot dient als Vergleichsobjekt, soll also einen Werbespot, in dem Humor nicht als Stilmittel verwendet wird, widerspiegeln. Da nur 4% der Befragten den Spot als „etwas lustig" einstufen, kann also problemlos der Vergleich zwischen Spot 1 und 2 hergestellt werden. In Werbefilm 2 sehen wir vor einem grünen Hintergrund eine blonde, junge Frau stehen, die genüsslich in ein „Balisto" beißt und dann die verschiedenen Zutaten aufzählt, welche sogleich über den Bildschirm fliegen. Der Spot endet mit dem Slogan: „Natürlich nasch ich. Balisto."

6.4 Ergebnisse und Schlussfolgerungen

Im Folgenden werden die in Kapitel 6.1 gestellten Fragen mithilfe des bereits zuvor erarbeiteten Wissens und der Auswertung der Umfrage beantwortet.

6.4.1 Fragestellung 1

Wie schon in Kapitel 4.1 festgestellt, lässt sich mit Humor in der Werbung die Aufmerksamkeit des Konsumenten gewinnen. Es ist nun fraglich, ob auch das Interesse

---

[67] Vgl. Anhang Nr. (10)
[68] Vgl. Kapitel 2.2
[69] Vgl. Anhang Nr. (11)

am Produkt des potentiellen Kunden gewonnen werden kann. Um dieser Frage auf den Grund zu gehen sollten die Umfrageteilnehmer angeben, inwiefern die gezeigten Werbespots ihr Interesse geweckt haben. In Abbildung 6 sind die Ergebnisse veranschaulicht.

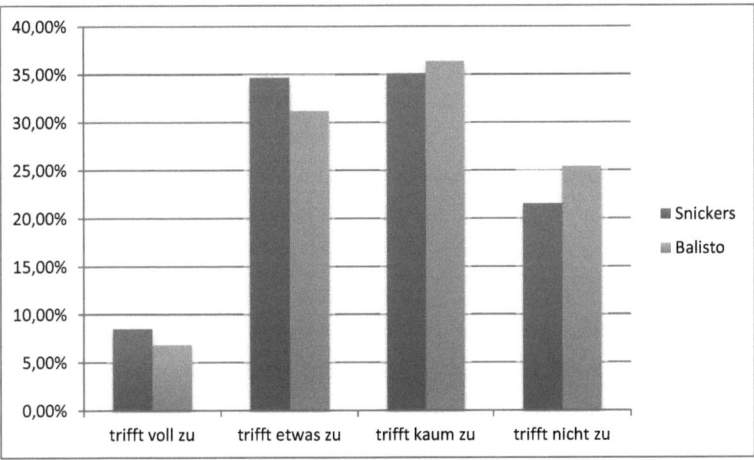

Abbildung (6): Zusammenhang: Humor – Interesse

Aus der Darstellung kann man ablesen, dass sich beide Werbespots ungefähr die Waage halten. Zwar liegt in den beiden zustimmenden Kategorien die „Snickers" Werbung zwei bis drei Prozentpunkte vorne, jedoch ist eine so minimale Abweichung nicht aussagekräftig. Wenn man sich also an den aus der Umfrage gewonnen Daten orientiert, kann man folgern, dass kein signifikanter Unterschied zwischen humorvollem, und nicht humorvollem Werbespot besteht, wenn es darum geht, das Interesse des Rezipienten zu gewinnen. Allerdings sollte angemerkt werden, dass es sich bei den in der Umfrage beworbenen Produkten um „yellow goods" handelt. Dadurch, dass sich der Kunde beim Kauf dieser in einer Low-Involvement Situation befindet, braucht es vergleichbar wenig Interesse um letztendlich eine Kaufentscheidung herbeizuführen.[70]

6.4.2 Fragestellung 2

Um zu prüfen, ob Humor eine positive Auswirkung auf die Erinnerung des Konsumenten bezüglich des beworbenen Produkts hat, wurde den Teilnehmern die einfache Frage gestellt, ob sie den Werbespot bereits kennen. Bei Spot 1 antworteten 92% mit

---

[70] Vgl. Kapitel 3.1

ja, während diese Zahl bei Spot 2 sich nur auf 62% belief. Den Befragten ist also der Werbespot mit Humor deutlich besser bekannt gewesen als jener ohne. In der Umfrage wurden nicht die möglichen Auswirkungen des Wear-out- oder des Vampireffekts geprüft. Wenn man nun aber davon ausgeht, dass 92% der Befragten angaben, Werbespot 1 zu kennen, und ebenso 92% jenen Werbespot für lustig befanden, so könnte man das Auftreten eines Wear-out-Effekts für diese Zielgruppe bei diesem Werbefilm zumindest als geringfügig bezeichnen, wenn nicht sogar gänzlich ausschließen. Über das mögliche Auftreten eines Vampireffekts kann man nur Spekulationen anstellen. Um diesen zu vermeiden ist es entscheidend, zwischen Witz und dem beworbenen Produkt einen direkten Bezug zu schaffen.[71] Da in Spot 1 die Auflösung der Inkongruenz direkt mit Verzehr des „Snickers" in Verbindung steht, könnte gefolgert werden, dass die Wahrscheinlichkeit für das Auftreten eines Vampireffekts hier eher gering ist. Unter Einbezug all dieser Faktoren kann letztendlich gesagt werden, dass Humor in der Werbung einen positiven Effekt auf die Einprägsamkeit eines Werbespots hat.

6.4.3 Fragestellung 3

Diese Frage zu stellen ist nur sinnvoll, wenn man sie in Zusammenhang mit Kapitel 6.2.2, also der ausgewählten Gruppe der Befragten der Umfrage, setzt. Jene Stichprobe repräsentiert als ihre Population eine neue Generation, die sog. „Digital Natives". Gerdesmeier (2008) definiert diese Gruppe als „eine Nutzergruppe, die nicht mehr zwischen Online- und Offline-Identität unterscheidet, die sich Nachrichten über Facebook und StudiVZ zusendet statt E-Mails, und für die YouTube zum täglichen Leben gehört wie für Ältere die allabendliche Tagesschau. Die Digital Natives sind mit den digitalen Medien aufgewachsen, bewegen sich seit ihren Kindertagen im World Wide Web."[72] Laut einer Studie von ARD und ZDF werden Videos, Filme etc. im weltweiten Netz besonders nachgefragt, nämlich von 68 Prozent (2010: 65 Prozent) aller Onliner.[73] Aus diesen beiden Tatsachen kann man folgern, dass die ausgewählte Stichprobe regelmäßig auf Internetplattformen, wie z.B. YouTube, Videoclips betrachtet. Verbunden mit den in Abbildung 7 aufgeführten Ergebnissen[74]

---

[71] Vgl. Leonhardt & Kern Werbeagentur GmbH (2011) o.S.
[72] Gerdesmeier (2008) o.S.
[73] Vgl. ARD/ZDF-Onlinestudie (2011) o.S.
[74] Dargestellt sind die Antworten auf die Aussage „Ich sehe mir gerne derartige Werbung an.". Es ist eine deutliche Zuneigung zum humorvollen Werbespot ablesbar; ca. 60% gaben an sich gerne Werbung wie den Snickers-Spot anzusehen. Wogegen nur 16% dies vom Balisto-Spot behaupteten. (siehe S.17)

der empirischen Untersuchung lässt sich schlussfolgern, dass Unternehmen mit humorvoller Werbung einen Unterhaltungswert für Digital Natives schaffen können, sodass diese sich selbstständig einen Werbespot im Internet anschauen. Dadurch könnte eine Marke dem Konsumenten schon früh ihre Gegenwart und z.B. ihre besonderen Merkmale bewusst machen. Auch würde der Konsument wachsende Sympathien für die Marke entwickeln, da er sich ja aus eigenem Willen heraus bestimmte Werbespots zur persönlichen Unterhaltung ansieht, und sich nicht mit einer, von der Werbung provozierten Beeinflussung seinerseits konfrontiert sieht, wie es bei regulärer Fernsehwerbung mit hoher Wahrscheinlichkeit der Fall wäre.

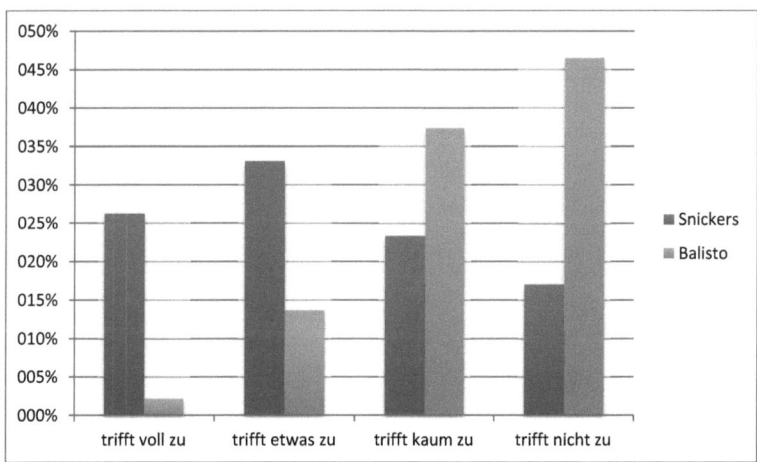

Abbildung (7): Werbung als Unterhaltung

7. Resümee

Um nun zu einem Fazit zu kommen, sollen kurz die wichtigsten Erkenntnisse der Arbeit noch einmal dargestellt werden. Humor an sich ist kein fassbarer, eingrenzbarer Begriff, jedoch gibt es Theorien zu seiner Entstehung bzw. Erzeugung, die sich Unternehmen zu Nutzen machen können.[75] Doch sollte man die Produktkategorie und die Mediengattung, welche man zu verwenden beabsichtigt, vor dem Einsatz humorvoller Werbung beachten. So eigenen sich das Fernsehen als Medium und „yellow goods" als Produktkategorie optimal für den Einsatz von Humor, während andere Produkte und Medien größere Risiken mit sich bringen.[76] Unstrittig ist, dass

---

[75] Vgl. Kapitel 2
[76] Vgl. Kapitel 3

Humor die Aufmerksamkeit des Rezipienten evoziert und ebenso Sympathien für die beworbene Marke schafft.[77] Die in Kapitel 4.3 und Kapitel 6.4.2 diskutierte Erinnerungswirkung kann letztendlich als positiv beurteilt werden, wenn auch unter der Voraussetzung, dass eine gewisse Verbindung zwischen dem Gag und dem beworbenen Produkt herrscht.[78] Diese Assoziation nämlich verhindert größtenteils das Eintreten des Vampireffekts, eines der Risiken, die in Kapitel 5 untersucht wurden. Ein anderes Risiko ist der Wear-out-Effekt, der den langsamen Verschleiß eines Gags und die damit verbundene nachlassende Werbewirkung beschreibt. Werbespots müssen also so ausgelegt werden, dass „die kreative Kernidee und deren Exekution [sicherstellt], dass die Wirkung insbesondere nicht von den Risiken beeinträchtigt oder gar konterkariert wird."[79] In Kapitel 6 hat die empirische Untersuchung gezeigt, dass kein signifikanter Unterschied bezüglich der Interessen erregenden Wirkung besteht. Zuletzt wurde in Kapitel 6.4.3 die These aufgestellt, dass humorvolle Werbung unter anderem auch als Unterhaltung dient, welche über moderne Medien jederzeit empfangen werden kann. Dadurch entstehen neue Möglichkeiten für Unternehmen, die z.B. ein neues Produkt bekanntmachen oder ihr Image verändern wollen.

Letztendlich kann man sagen, dass Humor in der Werbung einen sehr positiven Effekt haben kann, insofern man ihn unter Beachtung der Produktart, des Werbemediums und der möglichen Risiken richtig einsetzt.

---

[77] Vgl. Kapitel 4
[78] Vgl. Kapitel 4.3; 5.2; 6.4.2
[79] Vgl. Leonhardt & Kern Werbeagentur GmbH (2011) o.S.

Literaturverzeichnis

ARD/ZDF-Onlinestudie **. (12. August 2011).** *Fernsehinhalte im Internet in Deutschland immer beliebter.* Abgerufen am 5. November 2011 von http://www.ard-zdf-onlinestudie.de/: http://www.ard-zdf-onlinestudie.de/

Donner, S. (29. Juli 2007). *Warum der Chef die besten Witze macht.* Abgerufen am 21. Oktober 2011 von www.stern.de: http://www.stern.de/wissen/mensch/humor-forschung-warum-der-chef-die-besten-witze-macht-593973.html

Dr. Wermke, M., Dr. Kunkel-Razum, K., & Dr. Scholze-Stubenrecht, W. (2000). *Duden.* Dudenverlag.

Gardner, H. (o.J.). Abgerufen am 5. November 2011 von www.zitate.de: http://www.zitate.de/db/ergebnisse.php?autor=Gardner,%20Herb

Gerdesmeier, S. (16. Oktober 2008). *Digital Natives – Über die naiv-kompetenten Web-Youngsters.* Abgerufen am 5. November 2011 von www.netzpiloten.de: http://www.netzpiloten.de/2008/10/16/digital-natives-uber-die-naiv-kompetenten-web-youngsters/

Grunemann, E. (2006). *"Humor ist wenn man trotzdem lacht" Humor und Palliative Care.* Abgerufen am 27. September 2011 von http://www.lachclub-recklinghausen.de/Humor__ist_wenn__man.pdf

Gulas, C., & Weinberger, M. (2006). *Humor in Advertising .* Armonk, NY. (Übersetzung des Verfassers)

Homann, M. (2006). *Zielgruppe Jugend im Fokus der Werbung.* Hamburg.

Leonhardt & Kern Werbeagentur GmbH. (28. März 2011). *Den Nagel auf den Kopf treffen. Oder: Was hat Kreativität mit Humor zu tun?* Abgerufen am 8. November 2011 von www.agoea.de: http://www.agoea.de/uploads/file/JT% 202011/EKD_Vortrag_Meissen_Handout-a.pdf

Lüdtke, P., Schulte, E., Weiss, J., & Benndorf, L. (2010). *Virales Marketing : Wie erfolgreich sind die Roller-Babies?* Abgerufen am 25. Oktober 2011 von www.scribd.com: http://www.scribd.com/doc/32016557/9/Humor-in-der-Werbung

Mayer, H., & Illmann, T. (2000). *Markt- und Werbepsychologie.* Stuttgart: Schäffer-Poeschel.

Nufer, G., & Hirschburger, L. (2008). *Humor in der Werbung.* Abgerufen am 10. September 2011 von http://www.esb-business-school.de/fileadmin/_research/dokumente/Diskussinsbeitraege/Reutlinger_Diskussionsbeitrag_2008_-_7.pdf

o.V. (7. Februar 2011). *Autobauer werben mit Humor.* Abgerufen am 5. November 2011 von www.autobild.de: http://www.autobild.de/artikel/super-bowl-werbung-2011-1552560.html

o.V. (o.J.). *AIDA - Modell.* Abgerufen am 25. Oktober 2011 von www.teachsam.de: http://www.teachsam.de/pro/pro_werbung/werbung_u_marketing/pro_werbung_mark_6_2.htm

o.V. (o.J.). (2) *Humor.* Abgerufen am 10. September 2011 von http://de.thefreedictionary.com/Humor

o.V. (o.J.). (3) *Super bowl.* Abgerufen am 6. November 2011 von http://www.thefreedictionary.com/Super+Bowl

Schneider, I. (2005). *Humor in der Werbung. Praxis, Chancen und Risiken.* Saarbrücken.

Serrao, M. F. (8. Februar 2011). *Werbung beim Super Bowl: Die dunkle Macht der Mittelklasse.* Abgerufen am 5. November 2011 von www.sueddeutsche.de: http://www.sueddeutsche.de/medien/werbung-beim-super-bowl-die-dunkle-macht-der-mittelklasse-1.1056690

Suls, J. (1983). Cognitive Processes in Humor Appreciation. (P. E. McGhee, & J. .. Goldstein, Hrsg.) *Handbook of Humor Research, I,* S. 39-57.

Wehn, K. (2003). *Humor im Internet.* Abgerufen am 23. September 2011 von http://opus.bsz-bw.de/hdms/volltexte/2004/337/pdf/Humor2.pdf